Alexis • Rettet unsere Tiere!

ALEXIS

„RETTET UNSERE TIERE!“

Ein Brief an die Kinder

FRIELING

„Ich danke dem Frieling-Verlag für die mir zur Verfügung gestellten Fotos.“

Bibliografische Information der Deutschen Nationalbibliothek
Die Deutsche Nationalbibliothek verzeichnet diese Publikation in der Deutschen Nationalbibliografie; detaillierte bibliografische Daten sind im Internet über http://dnb.d-nb.de abrufbar.

Rheinstraße 46, 12161 Berlin
Telefon: 0 30 / 76 69 99-0
www.frieling.de
ISBN (Print): 978-3-8280-3778-6
1. Auflage 2023
Bildquelle: pixabay

INHALT

Liebe Kinder,

in diesem Buch möchte ich euch kleine und große Tiere vorstellen. Auch sie brauchen eine Heimat zum Leben. Und damit diese erhalten bleibt, dafür setzt euch mit ganzer Kraft ein. In Tierparks oder Zoos gibt es einige Tierarten, die man sonst nicht zu sehen bekommt, weil es sie nur in versteckten Regionen und Urwäldern Asiens oder Afrikas gibt. Aber ihr habt dann eine Vorstellung, wie sie aussehen. Der Tierpark und der Zoo in Berlin haben Streichelgehege, wo ihr ein Häschen oder Pony auch mal streicheln könnt.

Zu unseren heimischen Tierarten zählt auch das Reh. Wenn ihre Jungen geboren werden, heißen sie Rehkitz und haben ein braunes Fell mit weißen Tupfen. Sie müssen die ersten vier Wochen im Gras liegen, weil sie mit ihren Müttern nicht mitlaufen können. Die kleinen Rehkitze werden nur durch das hohe Gras der Wiese und die Aufmerksamkeit der Rehmutter geschützt, die mehrmals am Tag kommt und ihr Junges säugt. Aber welche Gefahren ihnen sonst noch drohen, das erfahrt ihr in diesem Buch.

Auch habe ich zu Beginn des Buches die Geschichte von Fennek dem Wüstenfuchs geschrieben, und ihr erfahrt etwas über Naledi, das Elefantenkind.
Euer persönlicher Einsatz, um den Tieren zu helfen, kann zum Beispiel sein, Eicheln und Kastanien für Wildschweine zu sammeln. Die gebt Ihr im Tierpark oder bei einem Förster ab. Dann haben die einheimischen Wildtiere es leichter, die harten Wintermonate mit Eis und Schnee zu überstehen.

Es grüßt euch
euer Alexis

FENNEK

FENNEK, DER WÜSTENFUCHS

Fennek, zu erkennen an seinen großen, weißen Ohren und seinem hellen, weißgelblichen Fell, lebt in Wüstengegenden. So auch in den Tabernas im Süden Spaniens, die ans Mittelmeer grenzen.

Die Wüstenfuchsmutter hatte drei Füchslein zu versorgen. Die beiden Ältesten waren kräftig vom Wuchs und stark entwickelte Jungen, doch der Dritte war klein und schmächtig. Um ihn sorgte sich die Mutter. Wenn sie dieses Mal etwas von ihrer Beutejagd mitbringen würde, sollte der Kleine es bekommen. Mit diesem Gedanken machte sie sich auf den Weg.

Die zwei Älteren begannen sich sogleich zu balgen, rauften miteinander, tobten herum und maßen ihre Kräfte, während der Kleine aus einiger Entfernung zuschaute. Dann fand der Älteste einen größeren Käfer. Das war die Chance für den Kleinsten. Er lief auf seinen Bruder los und versuchte ihm den Käfer abzujagen. Sie kugelten sich im Sand und waren so sehr miteinander im Spiel vertieft, dass der Ältere den Käfer aus den Augen verlor. Aber der Kleinste wusste noch genau, wo sich der Käfer befand. Er brauchte gar nicht lange suchen und so hatte er einen kleinen Happen für sich. Der Kampf war entschieden: Der Jüngste war der Sieger.

Als die Wüstenfuchsmutter mit ihrer Beute nach Hause kam, verscheuchte sie die beiden Größeren und gab ihrem Kleinsten das Mitgebrachte. Sie hatte das Gefühl, dass auch aus dem Kleinen was werden würde.

Als die Füchsin eines Tages wieder auf Beutefang viele Kilometer vom Bau entfernt war, kam ein Sandsturm auf. Sie konnte nicht zurück zu ihren Jungen und musste selbst nach einem Unterschlupf suchen. Nach einigen Stunden legte sich der Sturm. Als sie aufwachte, sah alles verändert aus. In welcher Richtung lag nur ihr Bau? Sie machte sich große Sorgen um ihren Nachwuchs. Hatten sie den Sandsturm überlebt?

Als sie nach Hause kam, rief sie ihre Jungen. Kein Laut. Wo einmal ihr Bau war, gab es jetzt nur noch Sand. Instinktiv begann sie zu graben. Immer weiter fort. Sie horchte. Nichts war zu hören. Sie grub weiter. Sie war der Erschöpfung nahe, aber sie grub weiter, immer weiter. Da, ein kleiner Ohrzipfel lugte aus dem Sand heraus. Das entfachte ihren Antrieb, weiterzugraben, noch mehr. Sie grub immer tiefer, bis sie schließlich einen der drei Füchse ausgegraben hatte. Es war der Kleinste und er war am

Leben! Dann hörte sie auch die Rufe der beiden anderen, die tiefer im Bau drinnen waren. Sie waren alle am Leben! Die Fuchsmutter war erleichtert wie noch nie! Sie winselten alle vor Freude und schmiegten sich aneinander. Der Kleinste jauchzte vor Glückseligkeit und sprang hoch, immer und immer wieder. Alle drei Jungen hatten den Sandsturm überlebt und waren unversehrt. Was für eine Freude für die Füchsin! Ihr mütterlicher Instinkt hatte gesiegt.

STECKBRIEF: FENNEK

Lateinischer Name: Vulpes zerda
Klasse: Säugetiere
Größe: 30 - 40cm
Gewicht: 800 - 1400g
Alter: 6 - 15 Jahre
Ernährungstyp: Allesfresser (omnivor)
Verbreitung: Nordafrika
Schlaf-Wach-Rhythmus: nachtaktiv
Lebensraum: Halbwüste, Wüste
Natürliche Feinde: Hyäne, Schakal
Sozialverhalten: Familienverband

PINGUINE

DIE PINGUINE

Die Pinguine sind die wohl hartgesottensten Meeresvögel und große Überlebenskünstler der Erde. Sie können nicht fliegen, sind aber sehr gute Schwimmer. Die größte Art von ihnen sind die Kaiserpinguine mit einer Größe von 1,20 Metern. Sie leben an den Küsten der Antarktis oder auf vorgelagerten Inseln im Südpolarmeer. Hier herrschen Temperaturen von minus 30 bis minus 50 Grad. Wenn eisige Schneestürme über sie hinwegfegen, kuscheln sich die Pinguine dicht aneinander, um die Kälte zu überstehen. Über zehntausend Tiere können auf einer Insel leben.

Da es auch hier Paarbeziehungen gibt, haben es die Partnerinnen nicht leicht, nach dem Fischzug, der zwei Monate dauert, ihren Mann unter Tausenden von Pinguinen wiederzufinden. Vor dem Fischzug haben die Weibchen ein Ei gelegt und dieses vorsichtig auf die Füße des Männchens übergeben. Nun ist es seine Aufgabe, das Ei auszubrüten. Mit seiner Bauchfalte bedeckt er das Ei, um es vor Wind, Kälte und Schnee zu schützen. Circa neun Wochen

STECKBRIEF: PINGUINE

Lateinischer Name: Spheniscidae
Klasse: Vögel
Größe: 40 - 120cm
Gewicht: 10 - 40kg
Alter: 10 - 20 Jahre
Ernährungstyp: vorwiegend Fischfresser (piscivor)
Verbreitung: Südhalbkugel
Schlaf-Wach-Rhythmus: tagaktiv
Lebensraum: Ozean

nimmt das Pinguinmännchen keine Nahrung zu sich. Es wartet schon sehnsüchtig auf das Weibchen. Inzwischen ist aus dem Ei ein kleiner Pinguin geschlüpft und auch der hat Hunger. Das Weibchen sieht ihr Junges zum ersten Mal und bringt für beide vorverdauten Fisch mit.

Vor Seelöwen musste sich das Weibchen in Acht nehmen, denn auf deren Speisekarte stehen Pinguine. Und es war nicht leicht, die Klippen der Insel zu erreichen. Mit einer Welle und einem Sprung gelangte das Weibchen ans sichere Ufer. Aber die nächste Welle, die kam, zog es wieder ins Meer. Uns so brauchte das Pinguinweibchen fünf bis sechs Anläufe, um wirklich auf den Klippen zu landen! Dann rutschte es wieder ein Stück auf dem Bauch, weil es im Schnee und auf dem Eis glatt war. Im Watschelgang ging die Pinguindame bis ins Innere der Insel weiter, bis sie zu ihrem Partner und ihrem Pinguinküken gelangte. Er hatte bis zum Eintreffen des Weibchens an dieser Stelle ausgeharrt. Ab nun kümmern sich beide um den gemeinsamen Nachwuchs. Dem Küken muss noch viel beigebracht werden.

Die mittlerweile herangewachsenen Jungen leben in mehreren Gruppen mit einigen erwachsenen Tieren – so wie beim Menschen der Kindergarten. Wenn Bedrohung naht durch Möwen, stellen sie sich in einem Kreis auf, mit dem Rücken nach innen, und können so die Raubmöwen mit ihren Schnäbeln abwehren. So viel zu den Kaiserpinguinen.

Ich möchte noch kurz einige andere Pinguinarten vorstellen, die in völlig anderen Regionen unserer Erde vorkommen. So gibt es Adeliepinguine, Zwergpinguine, Brillenpinguine, Felsenpinguine, um nur einige zu nennen. Sie bewohnen die Südküste Australiens, Neuseeland oder Südafrika. Sie ernähren sich von Fisch, Tintenfischen und kleinen Krebsen. Eine Art möchte ich noch hervorheben: Es sind die Magellanpinguine, die im Süden Patagoniens in Südamerika vorkommen und in größter Hitze leben. Sie haben eine ledrige Haut an den Füßen, die sie vor dem heißen Sand schützt. Die Magellanpinguine bauen für die Aufzucht ihres Nachwuchses Höhlen in den heißen Sand. Es sind ein oder zwei Junge. Meistens bewacht ein Partner das Kleine, während der andere auf Fischfang geht. Aber das ist nicht immer der Fall. Manche Eltern lassen ihr Junges allein. Dann ist es eine Leichtes für die Dominikanermöwe, das Alleingelassene zu töten und zu fressen. Insgesamt hundert Tage bleiben die Pinguineltern bei ihrem Nachwuchs. Erst dann ist dieser selbstständig.

EISBÄREN

Zu den Eisbären

Sie leben vorwiegend in der Arktis und sind auch in Nordamerika zu sehen. Die weißen Eisschollen sind ihre Heimat. Der dicke, weiße Pelz schützt sie vor minus 30 bis minus 50 Grad Kälte, sodass sie im Wasser und auf schneebedecktem Land gut leben können. Sie sind gute Schwimmer und die kalten Temperaturen machen ihnen nichts aus. Wenn ein halbes Jahr die Sonne nicht scheint und Finsternis herrscht, graben sie sich im Schnee ein und verdösen die Zeit. Ansonsten sind sie immer auf der Suche nach Futter. Sie jagen Robben und Fische.

Die Robben haben meistens im Eis ein Wasserloch, wo sie auftauchen, um Luft zu holen. Oft lauert an diesen Stellen der Eisbär, um sie zu fangen. Der Eisbär kann eine Robbe aus einem Kilometer Entfernung riechen. Es ist schon beobachtet worden, dass sich der Eisbär auf einen Eishügel gestellt hat, um dort Ausschau nach Walen mit Jungen zu halten. Der Belugawal ist eine kleinere Walart. Wenn Belugawale im Wasser an ihm vorbeizogen, stürzte er sich mit Schwung auf das Waljunge und konnte es erbeuten. Der Eisbär ist sehr findig bei der Suche nach Nahrung.
Einmalig konnten ein Forscher- und ein Kamerateam einen Eisbären beobachten, der sich im Sommer an Land

aufhielt. Er zupfte Gräser, Kräuter und Blaubeeren, so wie die Braunbären es tun. Vielleicht kann der Eisbär, wenn das Eis immer mehr schmilzt, auf diese Art und Weise überleben – indem er sich an seine Umgebung anpasst und seine Nahrungsquelle umstellt, zum Beispiel auf Kräuter und Gräser.

Nun zu der Eisbärin:
Wenn sie trächtig wird, baut sie sich eine Eishöhle in den Schnee. Wenn dann im Dezember die Jungen geboren werden, säugt sie diese mehrere Monate. Meist sind es zwei bis drei Junge, die sie aufzieht. In dieser Zeit nimmt sie keine Nahrung zu sich. Sie selbst lebt von den Fettreserven, die sie sich im Sommer und Herbst angefressen hat. Nun ist sie mit den Kleinen auf Wanderschaft, zeigt ihnen alles und bringt ihnen bei, was sie erlernen und wissen müssen. Meist bleibt die Eisbärin mit ihren Jungen zwei bis drei Jahre zusammen.
Die Natur zeigt auch, wie verletzlich sie ist. Die Meere mit ihrem Fischreichtum sind ein wahres Ökosystem. Aber es ist gefährdet. Der Mensch hat dort eingegriffen. Mit ihrem Trawlern und großen Hochseeschiffen fischen sie die ganzen Meere leer und andere Tierarten wie Eisbären, Robben, und Braunbären finden immer weniger Nahrung für sich.

ROBBEN

STECKBRIEF: EISBÄR / POLARBÄR

Lateinischer Name: Ursus maritimus
Klasse: Säugetiere
Größe: 2 - 3m
Gewicht: bis zu 300kg
Alter: 15-25 Jahre
Ernährungstyp: Fleischfresser (carnivor)
Verbreitung: Arktis (Nordpol)
Schlaf-Wach-Rhythmus: tagaktiv
Lebensraum: Polargebiet
Sozialverhalten: Einzelgänger

STECKBRIEF: Robbe

Lateinischer Name: Pinnipedia
Klasse: Säugetiere
Größe: 1 - 6m
Gewicht: bis zu 3800kg
Alter: 25 - 40 Jahre
Ernährungstyp: Fleichfresser (carnivor)
Verbreitung: Arktis, Antarktis
Schlaf-Wach-Rhythmus: tagaktiv
Lebensraum: Küstengebiete
Natürliche Feinde: Eisbär, Hai, Wal
Sozialverhalten: gruppenbildend

BRAUNBÄREN

Die Braunbären

Der europäische Braunbär

Schon die drei Wochen alten Bärenkinder können fliehen, wenn Gefahr droht. Bei ihnen ist der Fluchtwille instinktiv ausgeprägt. Naht ihnen ein ausgewachsener Braunbär, flüchten sie auf einen Baum und können bis in die Krone klettern. Der männliche Bär kann ihnen bis dort oben hin nicht folgen. Aber am Boden könnte er sie töten. Ist die Gefahr vorüber, klettern sie vom Baum herunter und schließen sich wieder der Mutter an, die mit ihnen weiterzieht. Von ihr lernen sie auch, von welchen Kräutern und Beeren sie sich ernähren können. Manchmal nimmt sie auch Aas.

Sehr beliebt bei den Bären ist der Honig von den Bienen. Aber da ist nicht immer leicht ranzukommen. Hoch oben im Baum befinden sich die Nester der Bienen. Diese sind sehr wehrhafte Insekten, die zustechen, wenn ihnen der Honig gestohlen wird. Bis zu hundert Bienen umschwirren dann die Bärenschnauze, sodass der Bär vom Honig ablassen muss. Die Bärenmutter bleibt zwei Jahre mit ihren Jungen zusammen. Dann verjagt sie diese, damit sie selbstständig werden und sich ein eigenes Revier suchen. Europäische Braunbären gibt es in den Karpaten, einem

Hochgebirge in der Slowakei. Die Bären halten circa ein halbes Jahr Winterschlaf in den Höhlen des Bergmassivs. Im Frühjahr gebären weibliche Bären ihre Jungen.

Der asiatische Braunbär

An dieser Stelle möchte ich auf den asiatischen Braunbären zu sprechen kommen, der auf der russischen Halbinsel Kamtschatka lebt. Er sieht der europäischen Art sehr ähnlich und ernährt sich neben Kräutern und Beeren auch vom Fisch – dem Lachs –, der im Meer vorkommt. Wenn die Zeit ran ist, wo diese Fische laichen – denn auch sie müssen sich fortpflanzen –, schwimmen sie in ruhiges Gewässer zu ihren Laichplätzen und werden leicht zur Beute der Bären. Die Lachse sind mit ihrem Rogen (Fischeier) oder ihrer Milch (männliche Samen) eine proteinreiche Nahrung für die Braunbären.

Der nordamerikanische Braunbär

Auch das Land Kanada hat Braunbären, die sich ebenfalls von Lachs ernähren. Dabei stehen sie im Wasser und brauchen bloß mit dem Maul zuzuschnappen, wenn ein Lachs vorbeischwimmt. Allerdings müssen junge und unerfahrene Bären dem Lachs hinterherspringen, um ihn zu fangen.
Und in den USA gibt es den Grizzlybär, einen großen aber auch gefährlichen Braunbären.

SHETLANDINSELN

PAPAGEIENTAUCHER

Die Shetlandinseln

Die Shetlandinseln, die sich zwischen Großbritannien und Norwegen befinden, zwischen dem Atlantischen Ozean und der Nordsee, bieten zahlreichen Tieren Lebensraum. Es sind Otter und Robben. Auch Papageientaucher und Basstölpel – zwei Vogelarten – finden hier eine Heimat. Tausendunddreihundert Basstölpelpaare kommen jedes Jahr hierher, um zu brüten und ihre Jungen aufzuziehen. Auch andere Tiere ziehen in den Frühjahrs- und Sommermonaten hier ihre Nachkommen groß. Die Schwertwale, auch Orcas genannt, zeigen sich dann auch in diesem Gebiet, wenn das Nahrungsangebot üppig ist. Sie ziehen durch die Buchten, wenn das Wasser bei Flut zurückkommt. Gemeinschaftlich jagen die Orcas die Robben. Jeder der sechsköpfigen Familie der Schwertwale hat seine Aufgabe bei der Jagd. Sie treiben die Robbe in die Enge und umkreisen sie. Mit einem Hieb der Schwanzflosse wird die Robbe getötet. Das erlegte Tier wird dann unter allen Familienmitgliedern der Orcas aufgeteilt. Ein anderes Mal erteilt die Walmutter ihrem Jungen eine Lehrstunde. Sie betäubt die Robbe nur mit einem Hieb ihrer Schwanzflosse. Jetzt soll das Waljunge ran. Es schwimmt zur Robbe und versetzt dem Tier einen Schlag mit der Schwanzflosse. Dabei trifft es nur das Wasser. Es berührt die Robbe nicht. Das Walkind muss noch viel lernen, bis aus ihm ein so gewandter und geschulter Jäger wird wie seine Walmutter.

Der Papageientaucher

Sie kommen auch aus den Weiten der Ozeane. Mit fünf Jahren binden sie sich an eine Partnerin und kommen immer wieder zurück zu den Shetlandinseln, um zu brüten. In Erdlöchern auf den Klippen haben sie ihre Nester. Dort treffen sie dann auch auf ihren Lebenspartner, der ebenfalls von weit her kommt. Verspätet sich dieser, kann es unter Umständen sein, dass das Weibchen einen neuen Verehrer hat, und dann fordert der langjährige Partner diesen heraus. Es kommt zu eine Kabbelei, bei der sich die Vögel aber nicht verletzen. Der Sieger darf beim Weibchen bleiben. Und diesmal war es der langjährige Freund.

Der Basstölpel

Auch sie bewohnen die Klippen und Felsen der Shetlandinseln. Die Flügel der Basstölpel können eine Spannweite von circa 1,80 Metern erreichen. Und wenn die männlichen Tiere eine Partnerin gefunden haben, reiht sich Nest an Nest und der nächste Nachbar ist nur eine Schnabellänge vom anderen entfernt. Da gibt's auch mal Streit. Basstölpel jagen Fische. Sie stürzen sich aus der Luft kopfüber pfeilartig ins Meer und tauchen dabei bis zu zwanzig Meter tief, um einen Fisch zu erbeuten. Bei gutem Nahrungsangebot bleiben sie bis August an der Küste. Dann ziehen sie wieder fort.

BASSTÖLPEL

OTTER

Der Otter

Die Otter haben ihre Höhlen da, wo Seegras wächst. Das Weibchen zieht ihre Jungen meist allein groß. Es hat die Aufgabe, ihnen alles beizubringen, was zum Leben nötig ist. Das Junge erlernt auch soziale Bindungen. Am Anfang erkennt es noch nicht die Gefahr, die durch einzelne Ottermännchen droht. Dann greift die Mutter ein. Sie hat einen Beschützerinstinkt. So ernähren sich die Otter von Fisch, von Muscheln, die sie aufknacken aber auch von Oktopussen, die allesamt Meeresbewohner sind und in den Tiefen des Ozeans vorkommen. Wenn nur ein Junges überlebt hat, übernimmt das Otterweibchen auch das Spielen und Balgen mit ihrem Jungen. Meist bleiben die Otterweibchen ein Jahr bei ihrem Nachwuchs.

STECKBRIEF: OTTER

Lateinischer Name: Lutra lutra
Klasse: Säugetiere
Größe: 0,8 bis 1,2 m
Gewicht: 5 - 10kg
Alter: 5- 12 Jahre
Ernährungstyp: Fleischfresser (carnivor)
Verbreitung: Asien, Afrika, Nordafrika
Schlaf-Wach-Rhythmus: tag- und nachtaktiv
Lebensraum: Flüsse, bewaldete Ufer
Natürliche Feinde: Luchs, Seeadler
Sozialverhalten: Familienverband

STECKBRIEF: PAPAGEIENTAUCHER

Lateinischer Name: Fratercula arctica
Klasse: Vögel
Größe: 26 - 29cm
Gewicht: 380 - 780g
Alter: 15 - 25 Jahre
Ernährungstyp: vorwiegend Fischfresser
Verbreitung: nördlicher Atlantik, westliches Nordpolarmeer
Schlaf-Wach-Rhythmus: tagaktiv
Lebensraum: Küstengebiete
Natürliche Feinde: Mantelmöwe
Sozialverhalten: Kolonien

STECKBRIEF: BASSTÖLPEL

Lateinischer Name: Morus bassanus
Klasse: Vögel
Größe: 81 - 110cm
Gewicht: 3 - 3,4kg
Alter: 16 - 24 Jahre
Ernährungstyp: Fischfresser (piscivor)
Verbreitung: Europa
Schlaf-Wach-Rhythmus: tagaktiv
Lebensraum: Küsten
Natürliche Feinde: keine
Sozialverhalten: Schwarmtier

ORCA

WALE

Der Orca

Als Nächstes kommen wir auf die Schwertwale zu sprechen, auch Orcas genannt. Die Geheimnisse dieser Tiere – zum Beispiel das Kommunizieren miteinander bei der Nahrungsbeschaffung oder bei der Paarung – sind noch nicht enträtselt. Es sind Klicklaute und feine Pfeiftöne, mit denen sie sich verständigen. Sie ziehen in großen Herden mit bis zu zehn Tieren – manchmal Mütter mit ihren Jungtieren – durchs Meer. Vom Südpolarmeer streifen sie durch den Atlantik bis zum Nordmeer. Im Atlantik erfolgt auch die Geburt des Walkalbes mit anschließender Kinderstube. Hier ist das Meer wärmer als in den anderen Ozeanen. Wenn das Kalb eine stattliche Größe erreicht hat, zieht die Mutter mit dem Jungtier weiter und schließt sich anderen Herden an. Zu den charakteristischen Merkmalen im Aussehen eines Schwertwales zählen zwei rundliche Brustflossen und die aufrecht stehende Rückenflosse. Der Unterkörper ist weiß, während der übrige Körper blau-schwarz ist. Im Gesicht und vor der Schwanzflosse hat er einen weißen Fleck als typisches Zeichen eines Orcas. Ausgewachsene Tiere können ein Gewicht von vier bis sechseinhalb Tonnen

und eine Größe von sieben bis acht Metern erreichen. Seit etwa vierzig Jahren werden diese Tiere schon erforscht. Wenn sie in Familienverbänden durchs Meer ziehen und andere Gruppen treffen, werden nach einem charakteristischen Ritual Grüße und Höflichkeitsbezeugungen vorgebracht. Eine Gruppe von Schwertwalen hält sich ständig in den Gewässern von Vancouver Island (Kanada) auf. Bei ihnen konnte das Sozialverhalten genau studiert werden. Sie ernähren sich von Seehunden, Seelöwen, Robben oder anderen kleineren Walen und Lachsen. Das Fangen größerer Beutetiere erfordert eine enge Zusammenarbeit aller Mitglieder einer Gruppe. Es ist auch schon vorgekommen, dass Schwertwale Boote angegriffen haben. Aber es ist noch nicht bekannt, dass der Wal Menschen getötet hätte.
Bei den Schwertwalen, den Orcas, ist bekannt, dass sie mit dem Menschen spielen. Sie begleiten und umkreisen Schiffe, um ihre Freundschaft mit den Menschen zu bekunden. Aber es ist auch schon vorgekommen, dass sie die Boote, die am Hafenliegeplatz standen, gegeneinander stießen, um ihrer Wut Ausdruck zu verleihen, wenn sie von einem Menschen Leid erfahren haben.

STECKBRIEF: ORCA

Lateinischer Name: Orcinus orca
Klasse: Säugetiere
Größe: bis zu 10m Körperlänge
Gewicht: 6000 - 8000kg
Alter: 50 - 80 Jahre
Ernährungstyp: Fleischfressern (carnivor)
Verbreitung: weltweit
Schlaf-Wach-Rhythmus: tagaktiv
Lebensraum: Meer, Ozean
Natürliche Feinde: keine
Sozialverhalten: Gruppentier

NALEDI, DAS ELEFANTENBABY

NALEDI, das Elefantenkind

Nach einer wahren Begebenheit

Wer ist Naledi? Naledi bedeutet „Stern“ und diesen Namen bekam ein kleines Elefantenbaby, das im Nationalpark Äthiopiens geboren wurde. Sechshundertsiebzig Tage dauerte die Schwangerschaft der werdenden Elefantenmutter Katy nun schon und seit vierzehn Tagen fieberten die Wildhüter im Nationalpark der Geburt des kleinen Elefantenkindes entgegen. Sie mussten den Zeitpunkt genau abpassen und wollten mit der Kamera dabei sein, um dieses seltene Ereignis zu filmen. Schützend scharten sich die anderen Elefantenmütter um Katy herum.

Jetzt war es so weit. Es gelang mitzuverfolgen, wie die Fruchtblase sich öffnete und dann etwas Kleines zu Boden fiel. Das Elefantenkind Naledi war geboren. Mitten in der Nacht. Und es war gesund! Alle freuten sich. Katy kümmerte sich rührend um ihr Junges. Das Erste, was die Kleine lernte, war Trinken und Mitlaufen. Außerdem zeigte die Mutter ihr, wie sie zur Nahrungsaufnahme mit dem Rüssel Blätter von Baumzweigen abriss. Die Kleine sah auch, wie die Mutter mit dem Elefantenrüssel Wasser aufnahm, um zu trinken und sich dann zu bespritzen. Auch diente der Rüssel dazu, sich mit Sand zu bewerfen, um die Haut vor Ungeziefer zu schützen. All dies lernte das Elefantenkind schon in den ersten Lebenswochen kennen und ahmte es spielerisch der Mutter nach. Doch die Freude sollte nicht anhalten. Katy, die Mutter des Elefantenmädchens, wurde sehr krank, und nach ärztlichen Untersuchungen fand man heraus, dass die Elefantenmutter einen Darmdurchbruch hatte. Katy konnte nicht mehr gerettet werden und verstarb nach wenigen Tagen.

Nun war Naledi gerade mal sechs Wochen alt und man machte sich Gedanken, wie es jetzt weitergehen sollte. Bei der einen Elefantenmutter, die noch nie ein eigenes Baby hatte, lutschte sie an der Zitze; die gab zwar Milch, aber nicht genug, und es kam immer wieder vor, dass diese Elefantenmutter sie wegstieß, wenn Naledi bei ihr trinken wollte. Die Wildhüter machten sich ernstlich Sorgen, wie man nun verfahren sollte, denn Naledi nahm die Flasche mit künstlicher Babymilch nicht an. Sie wurde schwächer und schwächer. Etwas musste geschehen.

Die Wildhüter beschlossen, Naledi von der Herde zu trennen. Das war ein schwieriges Unterfangen, aber es glückte, das Elefantenmädchen auf den Wagen zu bekommen, der an den Seitenwänden mit Tüchern abgedeckt wurde. Die Kleine brüllte. Sechs Tierärzte prophezeiten, Naledi werde sterben. Aber die Wildhüter gaben ihr Bestes. Naledi kam erst mal in einen abgesonderten Raum. Wichtig war, es musste in jeder Minute immer einer der Pfleger bei ihr sein. Nur so konnten sie Vertrauen aufbauen. Das Team wechselte sich ab. Naledi nahm noch immer keine fremde Milch an. Die Pfleger legten sich nachts zu ihr und schliefen bei ihr. Sie ließen sich von ihrem Rüssel betasten, hielten ihr den Kopf entgegen und ließen sich von ihr beschnuppern. Sie streichelten das Elefantenkind zärtlich und es war immer einer bei ihr. Und mit einem Mal nahm Naledi die Flasche mit Babymilch an. Es war unglaublich, alle jubelten! Aus Männern waren Tiermütter geworden. Es war harte Arbeit gewesen, aber der Einsatz hatte sich gelohnt, auch wenn es nur um ein einziges Elefantenkind ging.

Wie grausam war es doch in der rauen Wildnis, wo Elefantenmütter von Wilderern einfach abgeschossen wurden und die Tierbabys qualvoll verhungerten! Umso wichtiger war den Wildhütern der Kampf um das Leben nur eines einzigen Elefantenjungen. Naledi wurde nach vier Monaten Trennung von der Herde von den Elefantenmüttern wieder aufgenommen, denn den Geruch von ihr hatten sie nicht vergessen und sie konnten sich erinnern, dass sie einmal ein Familienmitglied war.

ELEFANTEN AFRIKAS

ORYXANTILOPE

DIE ELEFANTEN AFRIKAS

In Namibia

Namibia ist eines der trockensten und heißesten Gebiete der Erde mit Temperaturen von über 50 bis 60 Grad Celsius. Aber hier gibt es Leben und hier leben Elefanten. Bei vielen Säugetierarten sind es nach neuesten Erkenntnissen die weiblichen Tiere, die eine Herde anführen. So ist es bei den Elefanten die älteste und erfahrenste Elefantenmutter, eine Leitkuh, welche die Herde anführt und sie zu Wasserlöchern oder Flüssen leitet. Die Elefantenbullen, das sind die männlichen Elefanten, müssen mit neun Jahren die Herde verlassen. Sie werden Einzelgänger und leben allein. Nur zur Paarung treten sie in Erscheinung. Dann müssen sie Kämpfe gegen andere männliche Rivalen überstehen. Der Sieger darf sich mit den weiblichen Tieren einer Herde paaren.

Forscher haben jüngst herausgefunden, dass Elefanten Sensoren an den Fußsohlen haben, womit sie Wasser aufspüren. Mit beiden Vorderbeinen und mit dem Rüssel graben sie ein etwa ein Meter tiefes Loch in den Boden, um an das ersehnte Nass heranzukommen. Damit ermöglichen sie auch anderen Tierarten das Überleben, wie zum Beispiel der Oryxantilope. Es gibt Quellen mit Wasser, die sich unter der Oberfläche befinden. Manchmal treten sie an die Oberfläche und bilden dort eine Wasserfläche von circa hundert Metern, wohin die Tiere zum Trinken kommen: Giraffen, Spitzmaulnashörner, Zebras, Gnus und Elefanten. Diese Quellen können unter dem Land weitverzweigt Wasser führen und sogar miteinander verbunden sein. Wissenschaftler und Fachexperten sagen, man könnte bei Nutzung dieser natürlichen Wasservorkommen Tausende Menschen vierhundert Jahre lang mit Wasser versorgen. Aber sie warnen auch davor, dass eine zu große Ausbeutung dieser Wasserquellen die unterirdischen Ströme und Wasserblasen versiegen lassen.

Woran kann man den afrikanischen Elefanten vom asiatischen Elefanten unterscheiden? Der afrikanische Elefant hat größere Ohren.

STECKBRIEF: Oryxantilope

Lateinischer Name: Oryx gazella
Klasse: Säugetiere
Größe: 1,4 -1,8m
Gewicht: 65-225kg
Alter: bis zu 20 Jahre
Ernährungstyp: Pflanzenfresser (herbivor)
Verbreitung: Afrika, Arabische Halbinsel
Schlaf-Wach-Rhythmus: tagaktiv
Lebensraum: Trockensteppe, Halbwüste, Busch- und Baumsavanne, Wüste
Natürliche Feinde: Hyäne, Gepard, Löwe
Sozialverhalten: Herden, kleine Gruppen

STECKBRIEF: AFRIKANISCHER ELEFANT

Lateinischer Name: Loxodonta africana
Klasse: Säugetiere
Größe: 2,5 - 3,2m
Gewicht: 3 - 6 Tonnen
Alter: 50 - 70 Jahre
Ernährungstyp: Pflanzenfresser (herbivor)
Verbreitung: Afrika (vorwiegend Ostafrika)
Schlaf-Wach-Rhythmus: tag- und nachtaktiv
Lebensraum: afrikanische Steppe, Halbwüste
Natürliche Feinde: ausgewachsene Elefanten haben keine natürlichen Feinde
Sozialverhalten: Herdentier

LÖWEN

BEI DEN LÖWEN IN AFRIKA

In Kenia

Bei den Löwen sind es die Weibchen, welche die Rudel anführen und die Zebras, Gnus und Antilopen jagen und das ganze Rudel mit Fleisch versorgen. Ein Rudel kann aus vier Schwestern mit elf Jungtieren bestehen. Werden die männlichen Nachkommen erwachsen, müssen sie das Rudel verlassen und sich ein eigenes Revier suchen, und, wenn möglich, eine neue Familie gründen. Die Löwenmutter selbst muss ihre Jungen in den ersten sechs Wochen im Buschland verstecken. In dieser Zeit widmet sie sich voll und ganz ihrem Nachwuchs. Sie säugt die Kleinen und betreibt Fellpflege, was auch die Bindung stärkt. Sieht sie ihren Nachwuchs in Gefahr, zieht sie einfach mit ihm um. Dazu trägt sie die Jungen mit einem sanften Biss im Nacken zu dem neuen Ort; das macht sie mit jedem einzeln. Erst wenn sie größer sind, wird sie den Nachwuchs dem Rudel vorstellen. Wenn der Löwenmann sie als seine Nachkommen anerkennt, dürfen sie bleiben. Nun versorgen in der Gemeinschaft die Schwestern und Tanten die Kleinen mit Milch und bewachen sie, sodass sie hier ungefährdet spielen können, wenn die Mutter jagen geht. Löwenmänner gehen nicht auf die Jagd und lassen sich von den Weibchen mitversorgen. Fremde Löwenmänner werden von den Löwinnen abgewehrt. Löwenmänner können trotzdem Furcht einflößend brüllen und Nachwuchs, den sie nicht gezeugt haben, töten. Haben die Schwestern zusammen ein Gnu erlegt, teilen sie sich auch die Beute. Die Löwin beißt ein Stück Bein ab und bringt es den Jungen, dass diese sich satt fressen können.

SERENGETI

KROKODILE

ZEBRAS

DIE SERENGETI IN AFRIKA

Die Serengeti reicht vom Norden Tansanias bis in den Süden Kenias. Sie besteht aus Savannen, das sind überwiegend Graslandschaften mit vereinzelten Bäumen, sanften Hügeln, Flussläufen und Sümpfen. Hier leben Antilopen, Zebras, Gnus, Elefanten, Giraffen, Nashörner – pflanzenfressende Tiere. Aber auch Raubtiere wie Löwen, Leoparden, Geparden und Hyänen gibt es hier. In den Flüssen lauern Krokodile. Ihre Nahrung sind die Antilopen. Und in den Seen gibt es Respekt einflößende Nilpferde, die auch Pflanzenfresser sind. Aber Achtung! Auch ihnen darf man nicht zu nahe kommen.
Die durchziehenden Herden der Grasfresser können bis zu vierzig Kilometer lang sein. Binnen weniger Tage legen diese Tiere hunderte Kilometer zurück.

Wie ein Empfangskomitee erwarten die Löwen auf der anderen Seite des Ufers die zu Dutzenden den Fluss überquerenden Herden von Gnus, Zebras und Elefanten. Die von der Überquerung des Flusses geschwächten Tiere, insbesondere Jungtiere, werden zur leichten Beute, auch der Krokodile. Wie an einer Perlenschnur aufgereiht, lauern sie im Wasser.

Wichtig zu erwähnen ist, dass die Landschaften auch verbuschen. Durch Gewitter kommt viel Regen. Und mit einem Blitzschlag vom Himmel können Brände ausgelöst werden. Die Tiere kennen dies und bringen sich in Sicherheit. Das verbuschte Grasland brennt ab und man sieht nur noch braune Erde. Aber ein paar Tage später – dank des Regens – wächst dort grünes Gras. Für die Elefanten, Gnus, Antilopen und Zebras eine willkommene Abwechslung auf ihrer Speisekarte. Diese Abläufe wiederholen sich jedes Jahr: Trockenheit, Feuer, Regen und Nachwachsen des Graslandes. Die Savanne ist ein wahres Ökosystem für diese vielen Tiere. Und jedes Jahr, wenn ein Kälbchen geboren wird, wachsen die Herden der Pflanzenfresser wieder an. Auch die Raubtiere, die sich von ihnen ernähren, profitieren davon: ihre Bestände sind gesichert. Ein wahres Wunderwerk ist diese Natur!

Die Serengeti ist mit drei Millionen Tieren der größte Nationalpark der Erde

GIRAFFEN

GNUS

NASHÖRNER

FLUSSPFERDE

FLUSSPFERDE IN AFRIKA

(Hippopotamus)

In Botswana, im Okavangodelta, leben Flusspferde. Ihre größte Art sind die Nilpferde. Sie können vier Meter lang werden. Ausgewachsene Flusspferdbullen können ein Gewicht von zwei bis drei Tonnen erreichen. Sie können es mit Löwen aufnehmen. Flusspferde halten sich den ganzen Tag im Wasser auf. Bloß die Augen und Nasenlöcher schauen aus dem Wasser heraus, denn die Sonne brennt unbarmherzig hernieder. Nur wenn das Okavangodelta austrocknet, ziehen sie nach Norden und unternehmen lange Wanderungen, um ein neues Flussdelta zu finden.

Ein ausgewachsenes Tier kann bis zu dreißig Kilogramm Gras am Tag vertilgen. Es frisst überwiegend nachts. Wenn ein weibliches Tier trächtig wird, verlässt es die Herde, um sein Junges abseits zu gebären. Dazu läuft es am Grund des Flusses und kann auch längere Zeit den Atem anhalten und unter Wasser bleiben. An Land sind die Kolosse schwerfällig. Wenn das Junge geboren ist, bleiben Mutter und Kind lange Zeit zusammen und erst nach mehreren Wochen kehrt die Mutter mit ihrem Kalb zurück. Sie testet, ob sie und ihr Junges sich wieder der Herde anschließen können. Erst wenn die Flusspferdbullen ihr Okay geben, dürfen sie bleiben.

ORANG-UTAN

ORANG-UTAN

Die Orang-Utans sind mit die größten Menschenaffen ihrer Art. Sie leben in den tiefen Wäldern von Borneo, einer Insel in Südostasien. Es ist möglich, dass Vertreter ihrer Art noch auf anderen verborgenen Inseln vorkommen. Sie ernähren sich von Blättern und Früchten des Waldes. Und jeden Tag bauen sie sich ein neues Schlafnest für die Nacht. Dieses wird in luftiger Höhe in den Baumwipfeln angebracht. Es besteht aus dünnen Zweigen mit Blättern und manchmal Moosen vom Waldboden. Dieses Nest bietet dem Tier eine erholsame Nacht und Schutz vor Angreifern und wilden Raubtieren. Sie selbst leben in den Bäumen und hangeln sich mit ihren langen Armen von Ast zu Ast und von Baum zu Baum. Forscher beobachteten, dass eine Orang-Utan-Mutter mit ihrer Tochter acht Jahre lang zusammenlebte.

STECKBRIEF: ORANG-UTAN

Lateinischer Name: Pongo
Klasse: Säugetiere
Größe: 1,10 - 1,50m
Gewicht: 30 - 90kg
Alter: 40- 60 Jahre
Ernährungstyp: Pflanzenfresser (herbivor)
Verbreitung: Borneo und Sumatra
Schlaf-Wach-Rhythmus: tagaktiv
Lebensraum: tropischer Regenwald
Natürliche Feinde: Großkatzen
Sozialverhalten: Einzelgänger

MALAIENBÄR

DIE MALAIENBÄREN

Sie sind im tiefen Dschungel von Borneo zu Hause, im Herzen einer ostasiatischen Insel. Unter alten, morschen Baumstämmen suchen sie nach Termiten, ihrer Hauptnahrung. Termiten sehen aus wie kleine Ameisen mit Flügeln. Die Malaienbären sind sehr geschickte Kletterer. Ihre Krallen ermöglichen ihnen, auf Bäume zu klettern.

Auf Borneo gibt es extra Stationen für Malaienbären. Dort werden verletzte Tiere, die gefunden wurden, wieder aufgepäppelt. Oder aber es handelt sich um Malaienbären, mit denen illegal gehandelt wurde, denn sie sind im asiatischen Raum beliebte Haustiere. Nach einiger Zeit können genesene Malaienbären dann in der Regel wieder in den Urwald von Borneo entlassen werden. Leider ist ihre Art gefährdet.

STECKBRIEF: MALAIENBÄR

Lateinischer Name: Helarctos malayanus
Klasse: Säugetiere
Größe: bis zu 1,50m
Gewicht: 50 - 60kg
Alter: bis zu 25 Jahre
Ernährungstyp: Allesfresser (omnivor)
Verbreitung: Südostasien
Schlaf-Wach-Rhythmus: nachtaktiv
Lebensraum: Tieflandregenwälder
Natürliche Feinde: Tiger
Sozialverhalten: Einzelgänger

ROTE PANDAS

DER ROTE PANDA

Der Rote Panda – auch Kleiner Panda genannt – lebt heute leider nur noch in Asien im Himalajagebirge. Früher gab es sie auch in anderen asiatischen Ländern, beispielsweise in China und Myanmar, aber durch Abholzung, Überweidung und Wilderei in ihrem Lebensraum ist ihre Zahl stark gesunken. Einen idealen Lebensraum für Rote Pandas stellen feuchte Wälder, Täler und Hänge von Hochgebirgen dar, die dicht von Büschen, vor allem Bambus, bewachsen sind. Bambus ist auch ihr Hauptnahrungsmittel, denn die Roten Pandas sind trotz ihrer spitzen Zähne und der Kategorisierung als Raubtiere hauptsächlich Pflanzenfresser. Ungefähr dreizehn Stunden täglich verbringen sie damit, Bambus zu suchen und zu fressen. Rote Pandas haben einen Extradaumen, der ihnen beim Klettern hilft, denn die meiste Zeit verbringen sie in den Ästen von Bäumen und Büschen.

STECKBRIEF: ROTE PANDA

Lateinischer Name: Ailurus fugens
Klasse: Säugetiere
Größe: ca. 60cm
Gewicht: 3 - 6kg
Alter: 6 - 15 Jahre
Ernährungstyp: Pflanzenfresser (herbivor)
Verbreitung: Nepal, Myanmar, Indien
Schlaf-Wach-Rhythmus: nachtaktiv
Lebensraum: tropischer Regenwald, Bergwälder
Natürliche Feinde: Marder, Leopard
Sozialverhalten: Einzelgänger

BISONS

DER BISON

Im August beginnt im Yellowstone-Nationalpark (Wildnis-Erholungsgebiet in den USA) die Bisonbrunft. Bisonmännchen flehmen; damit erkunden sie, ob die Weibchen paarungsbereit sind. Zuvor haben die Männchen Kämpfe ausgetragen und der Stärkste von ihnen darf sich mit den Weibchen paaren. Nach neun Monaten kommen die Kälber zur Welt. Nach der Geburt müssen sie rasch lernen, auf die Beine zu kommen, um dann mit der Bisonmutter mitzulaufen, denn die Gefahr durch Wölfe ist immer präsent. Ich habe gesehen, wie sich ein allein stehendes Kalb, nur ein paar Tage alt, gegen einen angreifenden jungen unerfahrenen Wolf zur Wehr setzte. Es hatte die Mutter verloren. In letzter Minute fand die Bisonmutter ihr Kind und verteidigte es. Die Bisonmutter hatte nach ihrem Jungen gesucht und ihre Suche nicht aufgegeben. Dank eines Schutzprogramms konnten sich Bisons im Yellowstone-Nationalpark wieder ansiedeln, nachdem sie fast ausgerottet waren. Der Nationalpark erstreckt sich über drei Bundesstaaten der USA von Idaho bis Wyoming. Auch in Europa – in den Ländern Polen und Deutschland – will man Bisons wieder ansiedeln. Die europäischen Bisons werden Wisente genannt.

STECKBRIEF: BISON

Lateinischer Name: Bison
Klasse: Säugetiere
Größe: 2,00 - 3,80m
Gewicht: 500 - 900kg
Alter: 10 - 20 Jahre
Ernährungstyp: Pflanzenfresser (herbivor)
Verbreitung: Nordamerika, Europa
Schlaf-Wach-Rhythmus: tagaktiv
Lebensraum: offene Graslandschaften, Steppen
Natürliche Feinde: keine
Sozialverhalten: Herdentier

WEITERE HEIMISCHE TIERARTEN

EICHHÖRNCHEN

Das Eichhörnchen

Das Eichhörnchen legt sich für den Winter einen Nahrungsvorrat an. Dieser besteht aus Eicheln, Nüssen, Kastanien und Bucheckern, die es im Herbst in die Erde vergräbt und manchmal nicht wiederfindet. Wenn es im Frühjahr genug regnet, können die Samen keimen und es wachsen neue Bäumchen heran. Ein neuer Wald entsteht. Auf der Speisekarte der Eichhörnchen stehen überdies Pilze, Beeren, Insekten und manchmal raubt es auch Vogeleier der Singvögel.

Die Eichhörnchen sind gute Kletterer. Mit ihren starken Krallen halten sie sich an der Rinde des Baumes fest und klettern kopfüber herunter. Oben in den Ästen springen sie von Ast zu Ast und von einem Baum zum nächsten. Ihre Nester, auch „Kobel" genannt, findet man hoch oben in den Baumhöhlen, Astgabeln oder in Spechtwohnungen. Ein Kobel ist ein kugelförmiges Baumnest, das oben geschlossen ist und an der Unterseite einen Eingang hat. Das Eichhörnchen polstert sein Nest mit Moosen, Blättern, Tierhaaren und Zweigen aus.

Das Weibchen bringt zwei Mal im Jahr drei bis vier Junge zur Welt.

STECKBRIEF: EICHHÖRNCHEN

Lateinischer Name: Sciurus vulgaris
Klasse: Säugetiere
Größe: 20 - 25cm
Gewicht: 150 - 400g
Alter: 2 - 5 Jahre
Ernährungstyp: Allesfresser (omnivor)
Verbreitung: Asien und Europa
Schlaf-Wach-Rhythmus: tagaktiv
Lebensraum: Laubwälder, Mischwälder
Natürliche Feinde: Greifvögel, Marder
Sozialverhalten: Einzelgänger

Vom Eichhörnchen

Rotbraunes Eichhörnchen, du lieber Gast,
schwingst dich in der Eiche von Ast zu Ast.
Gibt's für dich in den Baumwipfeln auch einen Platz?
Schon springst du rüber zum Ahorn mit einem Satz.

Du knabberst genüsslich der Tanne Samen,
die in den Tannenzapfen stecken.
Und viele Vögel zu dir in's Baumgeäst kamen,
um sich vor dem Fuchs zu verstecken.

Auch kletterst du mutig die Bäume Stamm ab, Stamm auf,
immer im steten Lauf.
Bist vorsichtig, wenn du die schwarze Krähe
und den Eichelhäher siehst in deiner Nähe.

Und im Winter, als alles weiß war und der Boden gefror,
zaubertest du all deine Schätze hervor.
Nüsse, Eicheln, Beeren und Samen,
die jetzt wieder zum Vorschein kamen.

Du hattest sie alle im Herbst vergraben.
Unter den Blättern und in die Erde,
sodass es im Frühjahr aufkeimen werde.
Und was du nicht fandest, das fraßen die Raben.

Eichhörnchen, wo liegt dein Nest versteckt?
Ich habe es noch nicht entdeckt.
Wird sich dein Nachwuchs bald zeigen
in den grünen Tannenzweigen?

Du räuberst die Vogeleier munter
und schlürfst deren Inhalt forsch hinunter.
Die Singvogeleltern haben das Nachsehen
über solch ein Geschehen.

Frühling kehrt ein mit viel Sonnenschein.
Noch sind die jungen Eichhörnchen recht klein.
Sie wuseln flink der Mutter nach,
auch als die Wiese lag noch brach.

Und Entdeckerlust ist gewährt,
Mutter Eichhorns saft'ge Eicheln werden von hungrigen
Mäulern verzehrt.
Auch sind sie geschützt in Tannes Zweigen.
Das Frühjahr – es wird sich jetzt bald zeigen.

Doch es wärmt schon die Sonne.
Mutters Nachwuchs rekelt sich mit Wonne.
Der Schneesturm zieht fort,
man sieht's an den vielen bunten Blumen im Ort.

WASCHBÄREN

Der Waschbär

Die Müritz mit ihren umfangreichen Seen, Flüssen und Flussarmen ist Teil der Mecklenburger Seenplatte, die sich im Norden Deutschlands befindet.

Hier befindet sich auch der Lebensraum des kleinen Waschbären, der in den 1930er-Jahren Pelztierfarmen entkam. Ursprünglich kommt er aus Nordamerika.

Im Ort Waren und bei Feldberg sind vereinzelte Tiere zu sichten. In den ersten Wochen seines Lebens erkundet der Waschbär seine nahe Umgebung. Wenn er Beute findet, sieht es so aus, als wenn er sie wäscht – daher sein Name. Dabei ertastet er sie und untersucht sie genauestens, zum Beispiel eine Tomate, die er aus Vorgärten stibitzt hat, um sie dann im Wasser zu waschen.

Waschbären brauchen das Gewässer zum Leben. Aber auch in Mischwäldern sind sie inzwischen heimisch. Und neuerdings sind sie auch in der Großstadt Berlin anzutreffen.

STECKBRIEF: WASCHBÄR

Lateinischer Name: Procyon lotor
Klasse: Säugetiere
Größe: ca. 60cm
Gewicht: 4 - 8kg
Alter: 8 - 10 Jahre
Ernährungstyp: Allesfresser (omnivor)
Verbreitung: Nordamerika, Mitteleuropa, Japan
Schlaf-Wach-Rhythmus: nachtaktiv
Lebensraum: Wald
Natürliche Feinde: keine
Sozialverhalten: Einzelgänger

REHE

Das Reh

Das Reh trägt, ähnlich dem Rothirschwild, ein rotbraunes Fell, ist aber in der Größe etwas kleiner als dieses. Es ist in unseren Wäldern heimisch. Sein Verbreitungsgebiet ist hauptsächlich Europa.

Rehe ernähren sich von Knospen und Blättern der Sträucher und Bäume. Sie sind Wiederkäuer. Und wenn im Winter Schnee liegt, benagen sie auch die Rinde der Laub- und Nadelbäume.

Im Mai und Juni kommen ihre Kitze zur Welt. Diese haben in ihrem braunen Fell weiße Punkte. Sie verharren circa vier Wochen auf der Wiese. Erst dann können sie mit ihrer Mutter mitlaufen. Bis dahin verbleiben sie im hohen Gras und sind dort gut geschützt. Die Rehmutter kommt mehrmals am Tag, um das Rehkitz zu säugen. Die Rehmütter halten sich auf Lichtungen und an den Waldrändern auf und beobachten, ob dem Kitz Gefahr droht. Wenn das Rehkitz größer wird, entwöhnt die Ricke ihr Junges. Das heißt, sie gibt ihm weniger Milch. Das Kleine wird nur noch zwei Mal am Tag gesäugt. Es soll nun selbstständig werden und nimmt jetzt auch andere Nahrung zu sich, wie junge Triebe, Blätter und Knospen.

Die größten Gefahren für Rehkitze gehen vom Menschen aus. Versteckt liegende Rehkitze laufen nicht weg, auch wenn sich ihnen laut eine Mähmaschine nähert. Deshalb suchen Landwirte vor dem Mähen die Wiesen nach Kitzen ab und bringen diese an den Waldrand, wo sie vor Mähmaschinen sicher sind.

STECKBRIEF: REH

Lateinischer Name: Capreolus capreolus
Klasse: Säugetiere
Größe: 60 - 135 cm
Gewicht: 10 - 35kg
Alter: 8 - 15 Jahre
Ernährungstyp: Pflanzenfresser (herbivor)
Verbreitung: Europa, Kleinasien
Schlaf-Wach-Rhythmus: dämmerungs- und tagaktiv
Lebensraum: Wald
Natürliche Feinde: Wölfe, Luchse, Bären
Sozialverhalten: in kleinen Gruppen

Das Rehkitz

Still verhält es sich im hohen Gras.
Die Ohren nach oben gespitzt
es wartend und lauschend sitzt.
Bis die Rehmutter es säugen will.
Dann verharrt das Kitz wieder im Grase still.
Die Ricke immer auf Vorsicht bedacht,
hat ihr Junges nicht in Gefahr gebracht.
Sie ist in der Nähe und nimmt Witterung auf.
Doch plötzlich naht ein Fuchs im flotten Lauf.
Hat er das junge Kitz schon entdeckt?
Die Rehmutter ist ganz verschreckt.
Sie läuft auf ihn los und macht wilde Sprünge,
um zu beschützen das wartende Junge.
Die Ricke springt querfeldein,
immer dem Fuchs vornedrein.
So geht es 'ne ganze Weile,
bis sich der Fuchs verzieht in Eile.
Er hat genug von dem Ganzen
und verpasst seine Chancen.
Die Ricke hat ihr Kind gut beschützt
und dem Fuchs die Mahlzeit stibitzt.

EISVOGEL

Eisvögel

Eisvögel gibt es noch in Deutschland, so zum Beispiel in Brandenburg und in Mecklenburg-Vorpommern. Man kann diese kleinen Vögel an der orange-hellblauen Färbung ihres Gefieders sowie an ihrem langen Schnabel erkennen, mit dem sie kleine Fische fangen. Deshalb bauen sie ihre Nester in steile Sandwände, die sich an Uferkanten von Flüssen befinden. Oder sie suchen die Nähe eines Sees, wenn es dort Abbruchkanten gibt. Sie können bis zu einem Meter tief die Röhren bis zum Nest (Bruthöhlen) graben. Meist ist es Sache des Männchens, diese anzulegen. Sie ernähren sich von kleinen Fischen. Zur Hochzeit übergibt das Vogelmännchen der Dame ein Brautgeschenk, einen kleinen Fisch. Und die Balz beginnt.

STECKBRIEF: EISVOGEL

Lateinischer Name: Alcedo atthis
Klasse: Vögel
Größe: 13 - 16cm
Gewicht: 30 - 40g
Alter: 7 - 10 Jahre
Ernährungstyp: überwiegend Fischfresser (piscivor)
Verbreitung: Asien, Europa, Nordafrika
Schlaf-Wach-Rhythmus: tagaktiv
Lebensraum: stehende und fließende Gewässer
Natürliche Feinde: Raubvögel
Sozialverhalten: Einzelgänger

WEIßSTÖRCHE

KRANICHE

Kraniche

Das Wort „Kranich“ kommt vom Althochdeutschen „krano“ und bedeutet „heiserer Rufer“ oder „Krächzer“. Genau so klingen auch ihre Rufe. Wenn das Männchen bei der Balz um das Weibchen herumspringt, ruft beziehungsweise „krächzt“ es dabei. Dann erfolgt die Paarung. Im Herbst liegt ein Hauch von Melancholie über der Müritz, einer reichen Seenplatte im Norden Deutschlands. Hier sammeln sich die Kraniche, bevor sie zu ihren Winterquartieren am Mittelmeer aufbrechen. Zuvor haben sie sich auf den abgeernteten Mais- und Getreidefeldern des Nordens reichlich satt gefressen.

Gänse, Störche, Kraniche und einige Reiherarten verbringen den Winter in Nordafrika. Der Kranich hat sein Winterquartier im Süden Europas – in Spanien. Störche überfliegen sogar die Sahara-Wüste und sind im Süden Afrikas anzutreffen. Wichtig bei allen genannten Arten, die in Formationen fliegen: Sie brauchen einen, der den Weg nach Afrika kennt, einen Flug- oder Routenführer, so wie bei den Elefanten die Leitkuh, welche die Truppe Elefanten anführt hin zu frischen Gräsern, Bäumen und Gewässern.

Der Weißstorch

Er ist sehr beliebt bei Kindern wie Erwachsenen. In traditionellen Dörfern, wie Linum in Brandenburg, und auch in Dörfern in Thüringen ist er heimisch. Er brütet auf Spitzdächern oder es kann schon einmal die Kirchturmspitze sein, wo das Nest angebracht wird. Jedes Jahr, wenn der Weißstorch von seiner Afrikareise zurückkehrt, sucht er denselben Nestplatz vom Vorjahr auf. Mit einem Klappern des roten Schnabels begrüßt er freudig die Störchin, wenn auch diese am Nest eintrifft. Dabei kann das Klappern auch ein Abwehrverhalten gegenüber fremden Artgenossen sein. Nach wenigen Wochen schlüpfen im Nest drei bis vier Jungtiere. Ihrer Elternpflicht gehen die Störche mit großer Sorgfalt nach. Sie bringen Nahrung heran, wie Mäuse, Frösche, Würmer und Insekten. An sehr heißen Tagen dient der Schnabel auch dazu, Wasser zu transportieren, um die Jungtiere etwas abzukühlen. Bevor die Altvögel gemeinsam mit ihrem Nachwuchs im Herbst zu ihrer Reise nach Afrika aufbrechen, hat dieser bereits das Fliegen erlernt.

Bei den Störchen hat man auch entdeckt, dass sie auf ihrem Weg nach Afrika entweder die Ostroute über den Bosporus (Türkei) nutzen oder die Westroute über die Meerenge bei Gibraltar (Spanien) nehmen. Die leichten Auf-Winde hier kommen ihnen zugute, um Energie beim Fliegen zu sparen.

So werden sie auch „Thermiksegler“ genannt. Sie machen sich auch das Magnetfeld der Erde zunutze und verfügen über einen „Magnet-Kompass“. Weiterhin orientieren sich die Vögel beim Fliegen an der Sonne, den Sternen, Flüssen und Erkennungsmarken bei den Landgebieten.

STECKBRIEF: KRANICH

Lateinischer Name: Grus grus
Klasse: Vögel
Größe: 90 - 120cm
Gewicht: 4 - 7kg
Alter: 15 - 25 Jahre
Ernährungstyp: Allesfresser (omnivor)
Verbreitung: Europa, Asien
Schlaf-Wach-Rhythmus: tagaktiv
Lebensraum: Feuchtwiesen, Moore und Sümpfe
Natürliche Feinde: keine
Sozialverhalten: Schwarmtier

STECKBRIEF: STORCH

Lateinischer Name: Ciconiidae
Klasse: Vögel
Größe: 60 - 140cm
Gewicht: 1 - 8kg
Alter: 20 - 30 Jahre
Ernährungstyp: Fleischfresser (carnivor)
Verbreitung: Afrika, Europa, Asien, Südamerika, Australien
Schlaf-Wach-Rhythmus: tagaktiv
Lebensraum: Feuchtgebiete, Gewässer
Natürliche Feinde: keine
Sozialverhalten: koloniebildend

IGEL

Der Igel

Igel leben als Einzelgänger und sind vorwiegend nachtaktiv. Sie verschlafen den Tag meist in selbstgebauten Nestern unter großen Blätter- oder Reisighaufen, in denen sie auch Winterruhe halten.

Der Igel ernährt sich von Schnecken und Würmern, Kleinvögeln, Vogeleiern und kleinen Säugetieren. Sogar vom Baum herabgefallenes Obst wie Äpfel oder Birnen steht auf seinem Speiseplan.

Die natürlichen Feinde des Igels sind Eulen und Uhus, Dachse, Marder und Füchse. Zur Verteidigung gegen diese dienen ihm die charakteristischen Stacheln, bei denen es sich um verhornte Haare handelt. Ausgewachsene Igel besitzen bis zu 8.000 Stacheln. Droht Gefahr, verteidigen sie sich zusätzlich mit einem lauten Fauchen und sind in der Lage, sich zu einer Stachelkugel zusammenzurollen. Neben den natürlichen Fressfeinden stellen auch die Straßen, die zunehmend durch ihre Lebensräume gebaut werden und die darauf vorbeirasenden Autos eine große Gefahr für die kleinen Tiere dar.

STECKBRIEF: IGEL

Lateinischer Name: Erinaceidae
Klasse: Säugetiere
Größe: 15 40cm
Gewicht: bis zu 1800g
Alter: 1 - 4 Jahre
Ernährungstyp: Insektenfresser (und Regenwürmer)
Verbreitung: Afrika, Asien, Europa
Schlaf-Wach-Rhythmus: dämmerungs- und nachtaktiv
Lebensraum: Wald, Graslandschaften
Natürliche Feinde: Adler, Eule, Dachs, Fuchs, Marder
Sozialverhalten: Einzelgänger

FÜCHSE

Der Fuchs

Der Fuchs als Fabeltier und im Volksmund „Reineke“ genannt, gilt als schlau und listig. Überdies wird ihm nachgesagt, dass er andere Tiere hintergeht. Er scheut nicht einmal davor zurück, dem König der Tiere – dem Löwen – einen Streich zu spielen.

Die Fabel „Der Fuchs und der Storch“ erzählt vom Storch, der eines Tages von Reineke, dem Fuchs, zum Mittagsmahl eingeladen wird. Der Fuchs serviert das Essen auf einem ganz flachen Teller. Der Storch stochert vergeblich mit seinem langen roten Schnabel auf dem Teller herum und bekommt keinen einzigen Bissen herunter. Er bleibt hungrig und ist erbost über den Fuchs. Aber der Storch ist ebenfalls schlau und lädt Reineke etwas später zu sich ein. Er reicht dem Fuchs die Speise in einem hohen Krug, der einen langen, schmalen Hals hat. Der Fuchs bekommt nichts heraus. Da merkt er, dass er nicht alle Tiere überlisten kann. Beschämt und mit gesenktem Haupt zieht er von dannen.

Die Füchslein

Blind geboren wird so manches Tier
und dann gesäugt vom Muttertier.
So wie es bei den Füchsen ist,
so ist es auch bei anderen Tieren.

Das Fuchskind hat nach der Geburt ein dunkelbraunes Fell.
Dieses wird erst später rötlich hell.
Und wenn sie wachsen und gedeih'n,
setzt auch ihr Spieltrieb ein.

Das Junge ist oft nicht allein.
Meist sind sie zu vieren oder drei'n.
Sie raufen miteinander, haschen, balgen, springen.
Am Anfang kann nicht alles gleich gelingen.

Die Füchsin zeigt, wie man es macht,
und hat die Jagdlust bei den Kleinen voll entfacht.
Das Beutetier, eine junge Maus, entweicht
und siehe da, ein kleiner Meister Reineke fängt sie ganz
leicht.

STECKBRIEF: FUCHS

Lateinischer Name: Vulpes vulpes
Klasse: Säugetiere
Größe: 60 - 75cm
Gewicht: 5 - 8kg
Alter: 4 - 7 Jahre
Ernährungstyp: Allesfresser (omnivor)
Verbreitung: Nordamerika, Mitteleuropa, Asien, Australien
Schlaf-Wach-Rhythmus: dämmerungs- und nachtaktiv
Lebensraum: unspezifisch
Natürliche Feinde: Greifvögel, Wolf
Sozialverhalten: Einzelgänger

WOLF

Der Wolf

Der Wolf ist ein Raubtier und bekannt dafür, dass er Schafe und Ziegen reißt. Im Rudel von fünf bis sieben Tieren jagt er Elche, Rothirsche und Rehe. Er hat Ähnlichkeit mit einem Schäferhund, ist aber größer und kräftiger als dieser.

Im Folgenden möchte ich Euch eine wahre Begebenheit erzählen. Eine junge deutsche Wolfsforscherin reiste nach Kanada, um die Verhaltensweisen der dort lebenden Wölfe zu studieren. Mit dabei war ein Kameramann, der alles filmte. Dann ging es los. Bis sie vom Wolfsrudel Spuren im Sand entdeckten, verging eine geraume Zeit. Sie waren jetzt in deren Jagdrevier. Dann begann die Forscherin sich vorzubereiten. In einer Lichtung des Waldes legte sie sich auf ihren Knien nieder. Sie bedeckte ihren Kopf, Hals und Rücken mit einer Jacke. Sie verhielt sich ganz still und lag wie ein Stein auf dem Boden. Dann wartete sie. Dann näherten sich die Wölfe nach und nach. Das Alphatier kam nun ganz nah an die Forscherin heran und schnüffelte prüfend. Sie spürte den Atem des Wolfes dicht über sich. Wenn sie sich jetzt auch nur einen Millimeter bewegt hätte, wäre alles aus. Vermutlich hätten die fünf Wölfe sie dann angegriffen und totgebissen. Also blieb sie still liegen.

Der Wolf blieb noch eine Weile bei ihr stehen. Dann verließ er die Lichtung und die anderen Wölfe zogen sich zusammen mit ihm zurück. Die mutige junge Forscherin amtete erleichtert auf. Das war auch für sie sehr aufregend und spannend gewesen. Aber es hatte sich gelohnt: Sie gewann wichtige Erkenntnisse über diese Tiere.

Über die Wölfe

1957 entdeckte man vereinzelte Wölfe in Deutschland. Diese wanderten über Polen nach Sachsen ein und verbreiteten sich. Später wurde dann ein Gesetz erlassen, das sicherstellen sollte, dass die Wölfe nicht abgeschossen werden dürfen. Hundertfünfzig Rudel zählt man heute in Brandenburg und in Mecklenburg-Vorpommern. Ein Jäger erzählte mir, dass es in Schweden und in Russland noch Wölfe und Vielfraße gibt. Vielfraße werden über einen Meter groß. Durch ihr braunes Fell sehen sie einem Bären ähnlich. Durch ihre scharfkantigen Zähne und ihre Angriffslust können sie auch dem Wolf gefährlich werden. Der Wolf meidet sie daher.

Wie jagen Wölfe?

Meistens sind die Wölfe, die zu einem Rudel gehören, miteinander verwandt. So können Wolfsjunge, welche die Wölfin im Vorjahr geboren hat, mit dazugehören.

Der Stärkste und Erfahrenste unter ihnen ist das „Alphatier“. Manchmal schließt sich ein Einzelgänger einem Rudel an und bleibt dort, wenn er von den anderen Wölfen durch seine „Leistung im Jagen“ anerkannt wird. Bei großen Herdentieren, wie dem Elch, versuchen die Wölfe einzelne Tiere von der Herde abzutrennen und zu umzingeln.

STECKBRIEF: WOLF

Lateinischer Name: Canis lupus
Klasse: Säugetiere
Größe: 1,1 - 1,5m
Gewicht: 30 - 60kg
Alter: 7 - 12 Jahre
Ernährungstyp: Fleischfresser (carnivor)
Verbreitung: Asien, Osteuropa, Nordamerika
Schlaf-Wach-Rhythmus: tag- und nachtaktiv
Lebensraum: Wald, Halbwüsten, Kältesteppe
Natürliche Feinde: keine
Sozialverhalten: Rudeltier

Liebe Kinder,

viele Natur- und Tierfilme aus den letzten zwei Jahren haben mich dazu inspiriert, dieses Buch für euch zu schreiben. Tiere sind ebenfalls Geschöpfe unseres Planeten und sie können genauso wie wir denken und fühlen, wenn auch auf andere Art und Weise. Ihren Lebensraum zu erhalten, ist daher unsere wichtigste Aufgabe. Ich sehe es mit Freude, wenn ihr das Buch gelesen habt und es euch gefallen hat.

Viele Grüße
euer Alexis